skattkammarön

skattkammarön

niklas aurgrunn 2025

Förlag: BoD · Books on Demand, Östermalmstorg 1,
114 42 Stockholm, bod@bod.se

Tryck: Libri Plureos GmbH, Friedensallee 273,
22763 Hamburg, Tyskland

ISBN: 978-91-8080-793-7

dikter

råsunda

*så länge sen ändå var vi inte alls unga en natt sov vi genom
apnélarmet många andra vakade vi genom oblandad
förundran*

*nu är allt impregnerat av tid bebbarna vuxna min kropp är
tid våra celler har sugit decennier ur syret*

vårarna som inhalationer höstarna andas ut igen

karlskrona

lyckas aldrig hålla i tiden men tappar och jagar ifatt
slänger mig och missar ser hur den rinner undan mellan
kullerstenarna

kullersten och skavsår en får så snart det är möjligt lära sig
att le och kanske skrocka något

låta rastlösheten falla av inför de vidunderliga utsikter som
ändå alldeles av sig själva ständigt byter av varandra

sveg

vi låg allra längst inne i mörkret och undrade men reste oss
till slut och gick ut

den frusna luften raspade över ansikte och knogar
tillfällighet hängde rimfrostigt tvek- och aningslös i de
komatösa träden längs gatan in mot centrum

dansade sen som påtända dervischer över tiljorna på stadt
medan ingenting egentligen tinade

skinnarviksberget

pizzakartonger och tompavor i skrevorna nån slags
radiomast vakande över gamla dödblåsta utsattheten

drivor av syrener nu importerade när det begav sig
nationalsymboliska med tiden små kopparplåtar med
bekanta snirklar på de faluröda plank bakom vilka änkor
och hantverkare i små omständigheter dvaldes en gång

själv låg jag tidigt utslagen här i vyer och visioner och i
nån mån ligger jag väl kvar mina personliga pronomina
snurrande runt kraniet som i slänggungor

och på yttersta tvärgränd står norrmalmsungen kalle
andersson och gräver förbryllning ur fontanellen alldeles
vilsen han med

lysekil

gick aldrig in på havsbaden men promenerade genom
sommardunkla gränder hängde i bilen sen nykter och oviss

gullmarslusten drog in och förgrep sig och beppe wolgers
lufsade förbi

bohusnatten full av fågelvägar allt som bänder och spränger
bakom krackeleringarna det krackelerar redan sen länge det
spricker och viskar

sista färjan tillbaks angör skår med ett metalliskt skrapande
som river själen flammig och pulserande

natten rullar mig med tungan mot gommen

jacó

den där svarta stranden bortom timmar av regnskogiga stup
och serpentiner

finns ett foto där jag bär mitt barn som sista droppen vatten
fast den väldiga och måttligt stilla oceanen glupskar ut sig i
fonden

några timmar vid sidan av begripligheten jacó lät sig inte
hållas så enkelt eller alls

valaffischer och grumlig läskeblask grumlig tanke ovissa
utsöndringar

all världens underbara chimär allt den vägrar och ändå är

matala

övervintrad hippie i en grotta det fanns kanske fler där uppe
på platån

bleckpanna fräsande över öppen eld just intill stupet havet
karvande av berget molnen som tornade upp sig utan att
skugga musiken som gnolade kvar längst inne i grottorna
eller om jag troligare bara var sentimental och fånig

utsikten från matala mot alexandria benghazi lampedusa
mot ithaka och winnipeg

utsikten från matala mot grisbukten trollhättan big sur

vilar några timmar i bilen medan sångerna tonar och växer
undan i sjöbrisen och medelåldern syrar till sig på vägen
tillbaks skiftar jag ett punkterat däck i en backe vid foten av
berget ida vilket jag ska komma att dokumentera om och om
igen just som om det betydde något

strändernas svall resonerande genom åren såren
ärrbildningarna

loch ness

det svarta vattnet nekar både bergen och rymden reflekterar
ingenting skvalpar bara svalt och frånvarande över skorna

vi låter nejden vara vandrar ett stycke till får lift på ett flak
sen in till inverness

tömmer pluskorna fyller blåsorna grälar stillsamt bort det
sista under fuktiga lakan på ett sängochfrukostställe ett
stycke ut i förorten och avvaktar några decennier

bournemouth

vi kastas in i historien så kastas vi ut igen däremellan
stryker vi över historien petar och polerar

sanden i bournemouth grov och grå knappt någon ligger på
den under de där veckorna havet utanför också grått och
märkligt oansenligt i sin väldighet bournemouth självt en
vänlig kuliss jag aktar mig att välta

nyper tag men ganska kraftlöst i historien från sidan på
måfå utan plan eller specifik förväntan

punksommaren sjuttisju har drottningen regerat i tjugofem
år själv är jag femton struntar i bussen bara går och går
och dricker shandy och får någons lite svala och sötaktiga
tunga instoppad i munnen i en soffa på ett disco lyssnar och
avvaktar

nyper i historien släpper ganska omgående känner kanske
att den ännu inte är min att hålla i

mellerud

sextitalskossorna så långt borta nu

det bleka sextitalsljuset den varma rosten

åkte förbi igen i somras efter dryga halvseklet blöt och blödig

allting borta allting kvar ändå allting trasigt och ändlöst

zug

det allra första ljuset de första av alla ljuden den tunna
ändå skyddande himlen

tillit transistorradio bomullsfilt

det började där det blänkte till i sjön och jag vart bländad

och förblev väl så

mývatn

naken på lavan i ett moln av knott går att illustrera på
allehanda vis min korta visit

inne i akureyri dröjer jag mig kvar i ett buskage i botaniska
efter låsning vaknar i ett stilla regn tar skydd under en
rutschkana

decennier senare (nu) hojtar en galen granne i natten
så att jag knappt kan fokusera men nog glimmar det av
spridda hus på andra sidan eyjafjörður nog värmer de
skyltade böckerna av david stefánsson på den lilla gågatan i
vargtimmen

all livets aning och intryck ihopkramat i ett litet oredigt men
vackert nystan att bolla och rulla studsa och tappa och be
någon att kasta tillbaks

att lägga i en låda på vinden att hitta och stryka mot kinden

nybro

*på jamesbondmuseet i utkanten av nybro har de ett
plommonstop à la oddjobs i en monter det är alltså inte
hans men ett liknande där finns även en stapel med tomma
bollingerkartonger*

*familjen väntar i bilen men jag är tvungen att gå igenom
salarna*

titta på hatten titta på kartongerna

hunnebostrand

stal en cykel utan bromsar och tumlade mig rätt trasig men
hade verkligen inget med de omkullvälta gravstenarna att
göra

midsomrarna på hunnebo blåklockan jag fick
raggarskjuts in till lasarettet i uddevalla med (rymde från
undersökningen med taxi tillbaks skramlande på campingen
alla chippade in)

som vi pissade på seklerna på natur och kultur och
stendammslungor

som vi ändå i nån sorts förvirrad form sökte hedra vår
slump skålande för alltings grundläggande luddighet

ritsem - sulitjelma

vår största nationalpark börjar med en enorm fördämning
ett vattenmagasin kantat av betongbrytare

akkajaure det låter och är ändå vackert föreställer mig även
det dränkta kalvningslandet långt där under skrovet sen går
vi i åtta dagar

badjelánnda också ett sorts magasin kanske inte mycket skog
att skövla ändå i det höga landet men väl fjällens ro och
magi det är ett evigt flapprande av helikoptrar med slappa
fetrövar i

bortom gränsen sinar snitslarna det vore också en titel

slår sista tältlägret i en högdal nedanför ett enormt
flyttblock balanserande på berget allt sedan istiden vore väl
sjutton om det skulle rulla sta just inatt

och sjunker ner mot grönskan och civilisationen igen med
skakiga knän och något lika sorgset som återfött

morningside park

går nerför den breda granittrappan anar en basketmatch på
den åldriga asfalten bortom buskagen nedanför slänten

du håller mig i rösten trevar mig i ögonen jag söker gammal
länge död tröst och säkring och skälver en nystart vid den
lilla säldammen

spolar bakåt trycker play hör hur bandet trasslar sig trycker
på stop

hela harlem viker in över mig hela galna historien här och
annorstädes så dansar vi långsamt och ganska atletiskt upp
mot västra hundrationde låter allting mest bara hända och
försvinna igen

boston

gläntar på den tjocka fläckiga gardinen ser snön driva
över det tjärpappade taket nedanför över gatan över döda
terminaler och packhus över allt detta sorgsna amerika

kan knappt titta det är min ensamhet där ute under de
tjocka molnen under rymdens natt det är den trasiga
illusionen att vi hör ihop att hjälp finns att få det är en
atlant av övergivenhet av felande ord och blick

en bucklig bulle rullar ljudlöst längs gatan vänder längre
bort kommer tillbaks försvinner där den kom ifrån

pissar lämnar ljuset tänt på muggen lägger mig i den
akuta stanken av tvättmedel lyssnar efter steg i den långa
korridoren över den trådnötta mattan

wuppertal

i det djupaste av karoo bortom bergen och savannen
detvillsäga bergen är allestädes närvarande men bortom
pass och hålvägar och mil av oländig terräng bortom vettiga
vägar så långt bortom ens den sista avlägsna aningen av
mänskliga sammanhang

en by till ändå alltid ännu en gata ännu en skugga av
sapiens bakom ännu en halvstängd gardin

längtan efter gränsen orördheten efter att kunna styra
starten bestämma förutsättningarna efter att få börja med
tomma händer och slippa inlemma sig

varpå allt ändå växer fram enligt samma gamla
medkånkade blueprints vi är vad vi är vi blir vad vi flyr

sundsvall

till slut är jag så gammal att jag längtar efter yrsnöig
skymning utanför svenska cellulosaktiebolagets huvudkontor
i sundsvall och far med tåget en mellandagsotta

åter i stockholm frampå småtimmeriet får vi skynda oss för
att hinna med sista gröna tricken söderut men det går bra
flyger på vingar av sundsvall genom den öde centralhallen
nerför trapporna bort genom passagen där killen med
vykorten brukade sitta

så märkvärdigt stort check på vissa platser sundsvall jag har
varit med om dig jag kan aldrig förlora dig

örebro

far förbi kanske hundra gånger innan vi svänger av katter
runt inte ens särskilt het gröt

står utanför pressbyrån blänger slott ruskar varsin ändå
ganska märkvärdig stund de flesta stunder är ju det om en
bara klämmer försiktigt håller mot ljuset skakar långsamt
och inhalerar utan rädsla

huskvarna

*fanns en läskig tjej där på gatan och en gammal lada i en
skogig slänt längre bort fanns knallpulver och tårtkalas och
en egen trehjuling med flak*

*samlade ihop det allra första av all min förvirring och
sorterade inte stuvade inte ens undan men lät det hänga och
släpa tills det föll av det som nånsin gjorde det*

mendoza

servitörerna i finanskrisens argentina rent kränkta av oss
som faktiskt slog oss ner att beställa vi var ju inte därifrån

pendlade över anderna att förnya mitt visum paso de los
libertadores snökanjonerna serpentinerna andnöden den
goda svindeln det varma vilda livet

små grunda kanaler porlande under alléerna snubbliga
fötter gnolande hjärta

var alls inget valutasvin jobbade hårt och underbetalt
ville bara för en stund glömma att jag var vida mörklagda
förorter mil efter mil av torr obygd och hela den där galna
bergskedjan från mitt barn och min flicka

hela kvällen oböjliga natten halva morgondagen bort hela
ensamheten vilse

vegas de itata

ormlika jättealger vid ett eller annat oländigt stycke
stillahavskust

staccatiga backar så branta att familjen får gå till fots
medan jag varvar upp genom sanden

vackra aldrig besökta tallslänter vid världens ände drivor
av sopor och dumpad vitvara ändå

liten glad familj liten släkt ustpridd över nejden

litet hus vid stranden drömmen om ett liv i södern det går
att räkna på och vi gör det men byn i sin helhet och stora
delar av kusten spolas bort i en tsunami veckan därpå

det var nära vad hade vi blivit vad om något hade vi ännu
kallat varann?

la florida

vita sneakers på en nattrefug i la florida i utkanten av
santiago ligger en kropp någon har lagt en filt över kroppen
bara fötterna sticker ut vita sneakers de ser nya ut först köper
vi skor så knyter vi dem så går vi ut så lägger någon en filt
över oss lika banalt som katastrofalt

kvarts sekel senare minns kanske en man på andra sidan
planeten hur han for förbi i taxi skriver han kanske en liten
slags dikt om vita sneakers att lönlöst försöka betyda något

plaza dignidad

pandemin kommer fascisterna till hjälp vid ryttarstatyn i
upprorets epicentrum bara två ensamma grabbar stillsamt
sjudande i högsommarsolen nu i väntan i hopp i frustration
och föresats

allt är trasigt allt är möjligt allt är löfte och överprövning

ser ett spöke passera genom parque forestal mot bron över till
pio nono det är jag och mitt barn sitter i sulkyn ser oss gå
rakt in i tårgasdimman utan att hosta

killarna poserarar med varsin hand över varsitt öga som en
hyllning till alla som förlorat synen i gummikulsstormarna
här på sistone jag plåtar stoppar undan entledigar mig
gammal entledigande vana trogen

orguhauen

*fin barrig sand i skorna det är strax intill palmes hus jag
kan se honom här i kortärmade skortan mot kvällningen
den semestrande blicken all tangled up i den kringströdda
silverveden*

*men det va länge sen allting är väldigt väldigt länge sen nu
eller snart*

gällivare

så gott som alla arter som funnits har suckat slut och kilat
vidare men vissa kämpar på gråsuggan till exempel runt
trehundrafemti miljoner år nu våra egna igenkännbara
rötter inte ens en kvarts miljon ändå ganska långt fram i
kön nu till fritt fall

tillbringar ett om än pyttimalt grand av mitt eget raskt
skymmande ögonblick i en liten frontierstad en bit upp i
lappland irriterar mig på den långsamma pressbyråtanten
går kring och tänker på hooja varför inte

brest

ett enormt dike spräcker genom mest allting och tiden
stannar där nånstans

har ingen med mig att räcka något åt sitter bara med fågel
och lera

finns en avlägsen bro allefall ett stationscafé och den
luftkonditionerade mardrömmen i fickan

finns öl raggig schäfer en myckenhet av hjärtslag och massa
förenkling att veckla ut och snyta sig i

varpå tiden rör sig fast nästan omärkligt igen

haag

*flickan med pärlörhänget är nog bra less på folk som tror att
hon ser dem som skriver små poemer om saken monalisa ska
vi inte tala om*

*ej heller de sjuhundrafemton dagliga fåntrattar som ställer
sig intill skriet på nasjonalmuseet i oslo och grimaserar
(skräckslaget inte ens ångestridet) åt kameran*

*själv stöttade jag inte ens tornet i pisa men det var också före
mobilkamerorna dessutom en ödslig midnatt mot slutet av
februari*

*av haag minns jag hellre spårvagnen ut till scheveningen
sanden mellan tårna barnens redan sinande men av och till
ännu friskt jollriga barndomar*

bremen

det dödliga våldet där vid ett regnstänkt rödljus en
ljummen småtimme i en nordtysk förstad plötsligt brutalt
banalt

stänger av tunneltittar kör mitt snarkande baksäte därifrån

hittar ett litet hotell gruppknaprar ett paket kex tiger oss
ett nu med eoner av tillhörande framtid och slumrar
småningom bort igen

la grande motte

min äldste vän möter mig intill eiffels torn vi tar nattåget
ner till tältet han ställt på en camping i ett turistghetto intill
det kokande medelhavet

solhelvetet saltet den smältande sanden svårt vilsen
undernärd och arytmisk

prioriterar konstigt men det är kanske ingenting nytt och
skymningen stryker ändå in så småningom med något som
liknar framtid i sin svala nypa

svamlar lantvin bara dagar nu tills jag i en magnifik
åskstorm på poslätten ska falla i bön för första och ännu
enda gången i det vackra tarvliga stycke liv som är mitt

skakar rått och hårt på tältgolvet tar ett osäkert avsked
frampå förmiddagen han ska till asien jag ska till en
skyddad verkstad i trollhättan

lägger min sista sou på ett slitet men ganska rent rum i
montpellier för att sova ikapp står dovt röd och bultande
framför kroppsspegeln

kisar skräckslagen andas koncentrerat lyssnar på trafiken

jordbro

att barnen försvinner upp i folk man inte alls riktigt känner
på samma sätt är inte sorgligt men svårt ibland men
nödvändigt kanske

blir inget mer pulkande nu inga fler legotorn de vill inte
höra mig läsa om nalle och hans stol en gång till

där barnen var barn är de för alltid barn jordbro en
minneslund ett utspritt monument av minne sorg
tacksamhet

allt som halkade rasade långsamt byggde sig trasigt jag vet
inte om det kunnat vara annorlunda

önskar bara att vi kunde minnas tillsammans utan att välja
utan att förneka tar fast ensam ett steg bakåt

minns saknar drömmer vaknar

malung

gå in mot skogen tveka inte samla ihop och driv din
tveklöshet sidledes in i lusten låt tveklösheten och lusten
bara låt dem

bli kvar närma dig ytterligare utan att störa ställ dig stadigt
tätt intill hör hur det kular känn hur det kittlar i synapser
och tallkronor

rödby

*saknar pass och tullpolisen krånglar men måste låta mig loss
till slut jag är ju så uppenbart svensk vad det nu är eller ska
betyda*

*tre gånger ska de få ställa in tingsförhandlingarna på grund
av frånvarande svensk innan de skriver av fallet*

*det svart molande sundet ryckandet och stötandet efter plats
och riktning på rangerbangården*

fredrikshavn

även i fredrikshavn satt jag finkad danska gendarmer ser
mig gärna bakom lås och bom

även i fredrikshavn tvingades de dock låta mig löpa

måsarna sen vobblande i vinden över akterdäck goa livet
som ryckte vidare fullt av hurril och presang

bollmora

går månget långsamt varv runt gallerian medan mina döttrar den ena efter den andra lattjar katniss i källaren

tjuvröker i lite olika prång mumlar mobil med en tant i uppsala

kramar musten ur medvetandet så att det blir en blöt fläck på trottoaren strör ord och aningar över fläcken ser hur de suger åt sig

paddington

livet vi sprider ut ansatserna envisheten kärleken tröttheten

*fram och tillbaks och kors och tvärs genom dessa utdragna
halvmesyrer vi förstår så lite av och tycker så mycket om*

varsin elektrisk storm på skrå över slumpen arg och älskande

boipatong

historien som förstås aldrig frågar men greppar tag ruskar
om slänger åt sidan

sammanhangen vi evigt snuddar bort ifrån

sandile hade tomhylsor från boipatong i handskfacket - han
hoppades kunna knyta dem till polisen men tretti år senare
läser jag på wikipedia om den inkonklusiva utredningen

och tror att jag minns nåt viktigt men det är bara det torra
rasslet av vinden i palmerna

bisho

min fru köper mig en burk traditionellt lokalt öl under
ett kort uppehåll på väg hem från teaterfestivalen i
grahamstown nån vecka senare skjuter apartheidstyrkor
ihjäl tjugoåtta demonstranter (och en av sina egna) det
skvätter om kropparna i den torra velden

anc:s påläggskalv cyril ramaphosa skyddas av människor
som kastar sig framför honom och kan bli president tjugosex
år senare kommunistpartiets ledare chris hani klarar sig
också men avrättas av en konservativ polsk invandrare på
sin garageuppfart i boksburg ett halvår längre fram

minns klustren av runda hyddor på de mjuka kullarna i
ciskei och hur jag för att få vila en stund från min svärfar
stannade på parkeringen utanför grottorna i cango minns
även en del enorm drivved på den öde stranden nedanför
semesterstugan utanför east london och en dikt jag skrev där
om korak tarzans son

vet inte när det fula monumentet restes men ser det på nätet
nu bugande besökare kransar bleknade filmsnuttar stirrar
mig lös och trasig glor mig en flaga virvlande mot rymden
från alltings jävla brasa

district six

kör rakt in i historien in i minnet in i allt det brutalt
avbrutna och avslutade

district six vackra trut plötsligt tilltäppt ett myller av
krockad kultur och gnistbildning samtal samsång samliv
samlag

det är nu i slutet av den långa döda era som kallas apartheid
och vägen svänger upp över den platt sluttande grusvidd där
allting snöptes och vreds halsen av

berusad bakom ratten som så ofta här där mest alla är det
men jag bor ett par minuter bort händerna känner varje
vinkel och bula i skumrasket

skumrasket ödelandet aningen av de sista tonerna innan
både sax och saxofonist slängdes under välten

såg aldrig kvarteren här men skälver dem var gång jag
sladdar genom mörkret och tomheten som slungades ut ur
murar och takstolar av wrecking balls och bulldozers

det liv som levts blickar som sprakat tungor som vrickats
envist visslande ur termodynamikens första lag

nariz del diablo

knattrar morsekod i en stationshydda högt ovan regnskogen
tåget försenat men snart nog rider vi sicksackande nerför
ravinerna

moln föds i dalen patricia står på knä på taket och
fotograferar jag sitter intill och memorerar här ett par av
mina bilder:

glada ungar viftande från en glänta rakt genom historien
om mitt liv tänk om jag viftar tillbaks genom deras?

ångarabeskernas hemliga skrift slingrande uppåt
bergsidorna de tror inte jag fattar och det gör jag väl inte
riktigt heller

hennes frimodiga blickar rodnande vader

längtan tillbaks upp snart som vi kommer av ett stycke bort
på det kolerainfekterade låglandet bussens stönande uppför
serpentinerna mot höjdrus och överblick ja hem redan lite
grand tamme xvii

darwin

det kör upp en sopp-buss i parken där jag hungerdåsar på en
bänk en del ännu mer vinddrivna existenser strosar till men
jag har verkligen inte mage

blundar sväljer torrt ser hur isflaken snurrar över det
svarta vattnet nerför trollhätte kanal känner inte hur det
skälver under fötterna planeten tumlande alldeles poänglös
och odramatisk

den gjorde mig den kommer snart ogöra mig igen

var inte med när japanerna bombade här hör inte
detonationerna anar oset bara just bortom brisen som drar
in från fannie bay

eller vad den heter

kuala lumpur

fyller nåt av mina år ensam på en marknad med nudlar och
pilsner efter ett par dygn hos midnattssköldpaddorna vid
rantau abang ska imorgon nånstans i malackadjungeln gå
längst bak i bussen att röka och på så vis överleva en vådlig
frontalkrock

ska söka mina solglasögon bland döda och döende krypa ut
genom ett krossat fönster vicka ryggan ur den ihoptryckta
fronten plockas upp av vänlig bilist sen för vidare transport
till klinik i johor bahru

stormen av glassplitter av självsvåldigt tumlande in- och
uttryck

lilla aranxa sanchez i transistorn på ymca i singapore
publikvrålen som rullar in ända från roland garros

mount isa

det är bara några hus längs ett stycke av landsvägen
världens mest isolerade samhälle en saloon ett slags
livsmedelsbutik en bensinstation

det är bara ett grand vobblande ett stycke genom rymden

det är bara ett öga som öppnas och hastigt sluter

gottröra

kör till gottröra att lämna min dotters katt på ett sånt
kattpensionat ägaren förevisar sin enorma samling antika
skjutvapen i den gallerförstärkta ladan

decembergråa diken all upplands bistra tvekan

försöker att inte tänka på katten på vägen hem höjer
volymen låtsas mig ett par mål och nån mening

hafnarfjörður

regnrutor tomma våningssängar svenska tjejer som sjunger
var nöjd med det som livet ger ute i köket

slår mig ner i en bänk i den lilla fula kyrkan på andra sidan
parkeringen prästen rotar länge men accepterar till slut att
jag mår bra

vad det nu är och innebär

står med tummen i ganska många timmar ovanför en
brant utdragen kurva just söder om samhället ger mig när
mörkret faller

går tillbaks till vandrarhemmet till slut får vi alla göra så

klintsbrovik

flundra sprattlande under hålfoten den intensiva sura
sommardoften kring den måsskitiga dykstenen

högbryggans dubbelstreck avlägset i fonden dunkandet av
sundsfärjan på andra sidan

de små räffliga snäckorna ett solblekt torskkranium knastrig
tång under gammelmormors filt tokiga tärnorna runt ön

bräckvattnet rinner av maneterna när jag håller upp dem
mot ljuset blänkande undrande vältande slipprigt tveklöst
mellan fingrarna

vet inte hur allt detta snart är borta dött eller döende allt är
ännu uråldrigt och ändå just i början för en stund

andas mitt allra lättaste syresätter mig för livet

falsterbo

på falsterbonäset planerar vellinge kommun för skyddsvallar
mot den stigande sjön vallarna lär ska räcka till 2075 sen
eller på vägen får vi tillsätta ny utredning stå innanför
murarna höra hur havet bryter och ryter känna hur nära
det är

åk om du måste slicka dig en åttiåtta och ett frimärke
posta dig ett vykort med hästar ebb dis det rara
gåsövergångsstället kanske

sätt dig nån väldigt annan stans sen att minnas eller
glömma alltefter tycke och behov

åsön

bondegatans dimmade rödljus medelålders kvinnor i
avsked på trottoaren jag och de andra på harvest home
lika tillfälliga som ofelbara stumma mobilskärmade fina
stillsamt rytmiska

strax intill sitter han som gifte sig med henne jag hängde
med i skarven åtti/nitti det gör han mest jämt men jag blir
vid mina papper - det var halva livet bort och jag vet att
han knappt talar efter strupoperation

läser julia ravani skriver nåt slappt inväntar stoiskt service
utan att vifta beställer en spitfire sen beställer ett litet stycke
liv att knapra till sträcker mig efter salt och peppar och
några droppar olja

le havre

ljummet regn bommad radiobilbana minns inte mycket mer

ett monument över stadens döda i det senaste stora kriget
fastnade i läsandet av namnen runt sockeln måste uttala
dem alla

i backspegeln ofta ett sånt ovisst viskande över mina steg och
ståenden nåt vagt och osäkert även över dröm och förmodan

och så luddigt halvkvädna poemer på det

tatooine

fyrtitre tusen ljusår bort för väldigt väldigt längesen tänk
att jag var där att jag stod i den dubbla solnedgången
utanför owen lars ökenfarm sliten av sorg och längtan

tänk att jag fortfarande står där

tänk att inget nånsin blev förklarat men bara förbryllar
vidare rakt upp i den sinande tiden

hjortmossen

mormor dödsdömd av himlande vitrock ("tittitaket"
kallade de honom på avdelningen) dödad sen medelst
"palliativ vård" i en talldunge i utkanten av en stad hon inte
alls kände

det tog tid hjärtat var starkt

tunna huden över varma tinningen under mina läppar
sista glesa testarna av håret hon vårdat alltsedan kitty hawk
alltsedan borggårdstalet eller däromkring

outhärdligaste av alla mina bilder mormors moraklocka där
på ett främmande landstings nötta linoleum

mormor att vi lämnade dig där - jag för andra gamlingar
på rosenlund uppe på södermalm din dotter för fortsatt
semestrande på fårön

den där barriga vallen hjortmossens alla tallkottar dina
krampande fingrar runt min handled

ensamhetens svarta svalg

peppartorget

februarislask över uteserveringen vårkänslor tränger på
mitt i vintern en rullator uppkörd i blöt driva

slasket rullatorn plåstret över näsryggen

inne på hökis krog mumlar det lunchdagsigt om trav och
vidarekilade kamrater under tysta bildskärmar mumlar
minne misstro mod och masker

ett stänk bearnaise i krukväxten torkar tiden ur
mungiporna kuperar orden blandar ger

staffanstorp

en kväll i utkanten av den där bräckliga familjelyckan
två frostiga burk stark i källarbastun med hennes mjuka
pappa samkvämet i musikrummet sen jag skojar till det med
vibrato i nån av lina sandells pekoralier det riktiga livet
kramar till fast som hastigast runt smalbenet

lusaka

virvlar bort i den röda jorden minns inte ölet men en del
hiskeliga tidningbilder (zambianska fotbollslandslaget
dödsstörtade dan innan) det heta mörkret innanför
svängdörrarna det vassa bländet och svårt avlägsna målet
där utanför

arboga

går ett bromsrör i ganska hög fart inte långt från t-korset
vid avfarten till mcdonalds

växlar ner kränger motorbromsande runt till parkeringen
slår av tändningen drar handbromsen att hela familjen
ändå överlevde karavanen av skrothögar

varningsljus tokfokus krampande fot på kopplingen hemåt i
vägrensdunklet

ottenby

strandsjöarna just intill udden lättare än havet och rymden
lättare än orden och drömmen helt utan vikt allt för några
avlägset skriande genomblåsta ögonblick

bullerö

liljefors brukade skjuta och låta stoppa upp sina modeller
för att få måla i lugn och ro sen säger inget om det men
kunskapen gör något med tittandet att se på konst är att läsa
kod men den ene läsaren är aldrig den andre lik

alldeles ensamma på en ö i ytterskärgårn men sent om
natten når oss musiken från någon avlägsen yacht eller
sjökrog tänker att det ändå var en del av livet här även i
brunos dagar zorn ankrad i rävängsviken festerna i den
lilla stugan legendariska

vaknar ensam i tältet viker huvudet genom absiden kisar
till mig ottan anar henne en grynig puppa fyrti meter bort
på ängen förstår att jag snarkat

låter henne sova går mig nervig och fin igen sitter
långsamma bilder på bumlingarna fyller upp med vy och
horisont och förirrad fjällnatur: låga björkar ljung och
hjortron

sen grötar och kaffar vi sen kommer en kontingent kanotister
och allt fragmenteras igen men bara som det alltid måste

karmel

for en gång i en van full med bistra bassar i kibbutztjänst till
haifa att hålla den uteslutande arabiska publiken borta från
ringen där nån internationell fribrottarcirkus drog sina
repade rutiner

av alla surreala tillminnesdragningar:
låtsasryggknäckandet i strålkastarljuset det resoluta
rollspelet även i skuggorna publikens glädje bassarnas
flexande och suckande

sent om natten sen: tystnaden i motormullret och de mjukt
månsmekta kullarna vid harmagedon långt där nedan

fåfängan

stod där några gånger med eller utan hand att hålla sög in
och tumlade den mör och medgörlig all skön distraktion

ignorerade oftast min förtvivlan med viss snits och
ackuratess

farsta c

justitieministern håller sig i skuggorna bakom
centrumkyrkan medan den lille ettrige överministern hetsar
runt vid den växande kullen av blommor och nallar skakar
tass jag tar den väl som hastigast eftersom jag fått uppfostran

dröjer över en vecka innan de byter de skottskadade
plexiglasen i reklamskyltarna tänker att de kanske kunnat
få sitta kvar men tryggheten kräver att vi städar

tryggheten kräver att vi svabbar bär fram våra blommor
mumlar våra minnen tiger våra minutrar babblar sen
babblar som aldrig förr

rör mig långsamt runt stationerna på
stadsdelsförvaltningens trygghetsträff drar mina plattityder
och självklarheter i hopp om att råka säga nåt hörvärt

allt är dock redan känt ett halvår senare är det redan ett
halvår senare ingen stannar längre utanför tricken om inte
för att mata sopbehållaren eller invänta sin dejt

skotten ringer vidare ett av stadens alla ljudlager nu vi är
bedrövade men luttrade det smäller i fagersjö evakueras i
farsta strand och ponsiluoma spurtar hem vad det nu är i
holmenkollen

de fyra små fotbollskillarna som kommer till ungdomsmötet
på farsta gård tar för sig av munkarna prasslar varsin festis
fnittrar smittsamt sina förslag till åtgärder: biograf vore kul

eller bowlinghall kanske

kvarnvattnet

den bottenlösa svarta tjärnen skratten som avlägsnar sig
bort mot andra sidan för att långsamt vända åter

tälten i lingonriset ett par grillade trosor på ett spett intill
den övergivna eldstaden

tomma konturer av länge flydda älsklingar

den grundläggande meningslösheten ett livs letande efter
giltiga vittnesmål strör bara skäligen obegripliga bilder
omkring mig

långasjö

förgånget och ödsligt nu utan barn och bellmanhistorier
utan livet och kivet men bara gammal sorgsen tvekan

vid backen upp från klasatorpet får jag vänta en god stund
medan nittonhundratalet passerar och utanför coop står
ville från moshultamåla och ser ilsken ut jag säger inget och
han har cyklat vidare när jag kommer ut med min nogger

får inte riktigt upp farten sen förrän bortåt åkerby vägskäl
men kompenserar raskt och tar chikanen in till skruf sovstad
med krängande chassi wobblande hypofys porlande lymfa

ler mig övertygelsen att jag ändå är en jävel på att vårda
min längtan underhålla min saknad det är också nåt

riksgränsen

*högt på dalsidan i mjuka kurvor runt hindren jag ser till
björkliden ser till svalbard ser delar av din coola spegelbild i
den halvt nerdragna rutan*

*det är en hundkupé så vi har den för oss själva åtminstone
tills det kommer en hund du är ju allergisk*

*har aldrig varit närmare jordens axel sträcker ut handen
når inte riktigt men nog snurrar det här nog yrar det och
fintar*

*greppar tag i bagagehyllan sluter ögonen kisar sakta sakta in
alltihop igen!*

skoftebyn

en gång var det en exotisk plats och färden lång och
utmanande

mellan sandhem i trollhättans nordöstra utkant till
skoftebyn och sylte i dess södra hade vi att passera tre
klimatzoner och två tidsditon

långt in i puberteten innan vi nådde modhs väg unga män
när vi återvände hem

vissa återvände aldrig ens men gick ner sig i hjortmossen
eller fastnade i honungsfällorna på tingvalla

det är inte ofta jag har vägarna förbi idag men då kan det
hända att jag ser dem vinka förstulet från ett eller annat
trädäck en eller annan garageuppfart

om det nu är de

hornborgasjön

*tranor är det inte många men för ett utdraget ögonblick står
vi alla och blickar rakt upp där en havsörn kränger genom
luftlagren*

*tillbaka i människosfären begår vi påskmiddag och speglar
oss så nöjda vi förmår i varandra*

isla negra

i en sandig tallskogsslänt på chilenska stillahavskusten
ligger pablo neruda utanför sitt hus (ett av tre) och väntar
på att havet ska resa sig och svälja alltihopa: flaskorna
galjonsfigurerna snäckorna och fossilen drivveden och all
vackert blekt gammal sepiaporno

en hamster va han pablo jag förstår inte hur han fick nåt
skrivet i röran

och inte väntar han på havet heller vid närmare eftertanke
sover för djupt snarkar inte ens men reser sig gör det förstås
en dag alldeles oavsett

gapar sväljer rullar runt och glömmer

limhamn

pablito där i minneslunden decennier kanske uppåt ett sekel
av inställt liv jag knappt orkar kontemplera

kors och stenar täta häckar doft av sund och kontinent det
är en sån besynnerlig röra allting är glömska tacksamhet
längtan och bistraste frånvaron

pablitos småsystrar skuttande längs gångarna ändå
bildsamlande doftsniffande historiebyggande huvudstupa
rakt in i möjligheten av mest allt

vinterviken

så många varv runt trekanten de åren badade inte mycket
men matade anka pulsade genom lövmassorna släntrade
inbegripna i ljuva ytligheter över gamla nobel klättrade
i nybohovsbacken for ner igen på för små tefat över
skrapskaren om vintern och stora mängder glögg

aspudden före hipsterinvasionen gubbfik vackert nöttlevda
hyreskåkar bortasfalterad spårvagnslinje ut från hornstull
en seriös biblioteksfilial alla timmar mellan hyllorna
alla mil längs rodnande plötsligt kalfrusen hägerstensås
trapporna vindlande genom vegetationen hemliga
granitgläntor högt över örnsberg rådjur nafsande i buskagen

påstanten snarkande om morgnarna under snötäckta filtar
i lekparken eller under den låga balkongen runt hörnet
på schlytersvägen fonderna våra respektive förvirringar
ögonblicksvis utspelas emot

stora karlsö

mjuka stigar vassa branter sval bris frusen rymd alkorna i
sina alkover stilla sjudande av instinkt

österhavets vrål och hummanden klippan under foten den
lätt fuktiga stunden klibbande mot bröstet solens kurrande
och gömmande

tar ganska lång tid att längta vidare och längre ändå att
längta tillbaks

serietidning (buster) i baksätet norrut

växer inte anmärkningsvärt men fylls på

samlar staplar arrangerar och fixar

port elizabeth

hänger utanför stationen efter en nattlig bussresa från
jo'burg en man går förbi drar med fingret över halsen min
fru och mina svärföräldrar plockar upp mig efter en stund
är väl det jag minns

syns mig att allt förfaller och förflyter men det är väl en
fråga om perspektiv elementarpartiklarna förblir desamma
och kaos i slutänden den enklaste och prydligaste ordningen?

förgängligheten en upplevelse mest men som sådan giltig nog
- stryker sökande över den med min ljumma hjärta

karlstorp

klent inredd tvåa högst upp på hörnet mot den vattensjuka
parken himmel så låg att jag kan peta på den om jag hämtar
moppen

som om jag har nån mopp

knäckebröd smör salt spolar och spolar men får nöja mig
med ljummet vatten om helgen en färdiggrillad kyckling i
fettsäker påse från ica och munspelssolot på "flatfoot sam"
från the blues bands "official bootleg album"

den förvirrade dedikationen ändå manusblad spridda över
parketten tusen småtimliga patienser i väntan på nya glosor
i nya formationer

all förlorad gryning petande slött i det svarta toppriset på
februaribjörkarna alla de myriader av ögonblick en fick att
undra

sorunda

inga kvinnor men gott om äpplen minns att jag plockade
ett att gräva ner vid torpet i ljuder men inte om jag faktiskt
gjorde det eller i så fall var

fåntratterier och glömska älskade resa

kronogården

brinner i soprummet, pyr i själen

*nakna gastar sneddar hastigt över torget försvinner in
bland minnena*

*framåt tolvslaget suddas även höghusen på berget på andra
sidan lantmannavägen bort av det täta snöfallet*

*maten slut en halv flaska utgången ketchup undantagen och
på muggen bubblar det om hemvinet*

*vrider upp john hiatt skuttar mitt livs piruett faller ihop i
alkoven*

västervik

ramlar runt som i en dröm ryckig självklar

kliar om irisarna mumlar maniskt men melodiskt i hågen

upptäcker att vi sitter ihop att vi spänner som nötta nervnät
över allting emellan oss

när du slagit ner mig passar jag på att nagga av gräset vid
sidan av asfalten sniffa på den fuktiga jorden där suga mig
några bortslängda vokabler

vi är samma vad ska du göra åt det kravlar vidare jag skaru
me

coney island

nöjesfältet stängt för säsongen och inte ser det mycket ut för
världen heller

stranden tom inte ens ferlinghetti syns till slokande flaggor
ett enstaka skepp på horisonten

borstar sanden av fotsulorna på boardwalken hämtar en
kartong läskiga calamares och en avslagen öl

höghusområdet i fonden som en förort till minsk rosslande
av så många drömmar i stryptagen

snokar runt i en souvenirshop en stund kommer ut med en
warriors-tisha vad kan en göra

nickar in mot världens hjärta igen låtsas att det finns

hjärtum

besöker tidig flickvän i hennes föräldrahem råkar slå
vardagsrumsglasbordet i skärvor och splitter det är
effektfullt fortsätter med sånt sen

riga

spillra sovjet en gång åt barnen att skutta sönder kikna bort

nu vet de redan allt mig förutan och långt härifrån men
jag sitter på o'connells (gamla kaos på stora nygatan)
skribblande min tröst runt tröstlösheterna

minns riga: en bänk med en picknick intill en sån liten
hänglåsbelamrad bro i en park i utkanten och en slags torr
sorg duggande sina flagor och flarn över vilsen kärnfamilj

vad vi irrat vad jag älskat

port hedland

det är långt mellan bilarna out back men när de kommer
stannar de

följer mina egna drömspår de kan leda rakt ut i bushen eller
längs tvåhundramilaslingor av solblekt sandblåst asfalt de
blir till medan jag färdas mina drömspår sjunger sig själva
och jag lyssnar och glömmer

nickar till i passagerarsätet släpps av vid ett ödsligt motell
mitt i öknen efter några timmar ställer mig och röker i
väntan på vettig tanke

över horisonten långt i öster ser jag det allra översta av
svampmolnet

vredehoek

utanför dörren står min stora gråa sportbag ovanpå diverse
tröjor jackor ett sönderrivet brev känner igen min egen
handstil

fönstren mörka rutan i dörren likaså nattvinden rasslande
i den stora palmen hittar ett par rökbara fimpar i krukan på
altanen sitter på altanen ser hur staden långt där nere gör
sig till i natten lyssnar på sirenerna söker skönja de röda och
gröna ljusen ute i taffelbukten söker att inte tänka inte förstå

skuggor hukande med påsar på ödetomten över gatan
avlägsen eld bland träden stötvis skrikande kvinna sorlet av
barerna i woodstock ännu resonerande i kraniet

röker filter sprätter fimpen över staketet ser den studsa mot
huven på herr bockelmanns merca för att bli liggande under
en tunn rökslinga på garagenedfarten

vinglar plattgången över till jettan somnar i salig avsaknad
av vettiga tankar i baksätet

mårbacka

vägen rör sig svagt uppför slingrande trasiga men
vidunderliga utsikter eller vi säger väl så

från en kulle just utanför sunne blickar en samling
kosmologiska konstanter ut över mil av ängslan och tröst
och en melodi kommer oförmodat till dem det kan vara my
generation eller brusa högre lilla å

det kan vara god save the queen eller höstvisa

vi parkerar intill och sitter kvar i bilen men vevar ner
rutorna lyssnar och stämmer in

håller varandra i förhoppningarna

genua

halkar med viss brådska nerför regniga gränder i jakt på
cigaretter minns inte om jag hittar några men tror inte det
vi får vigga ombord på romtåget om någon är vaken

själva står vi i korridoren hela natten den allra första utan
vår nyskjutne statsminister

försöker se något precis vadsomhelst genom våra egna bleka
spegelbilder i den svarta rutan

guayaquil

leker arga leken med en jättelik leguan på ett av de
centralare torgen arga leken har jag alltför ofta lekt och
vunnit så dock inte denna gång

detvillsäga det är väl inte egentligen en lek som går att
vinna

rostiga atlantbaljor fastvuxna på den spirande redden
varma pustar av obestämbara sjukor

franksinatrahattade åldringar med halvslutna ögonlock
men desto plirigare ögon

kpist i receptionen låsta plåtjalusier dubbla gallergrindar
hiskelig fart på fläktarna och inte har torwalds pass hunnit
ner från oslo heller men vi delar ett kilo prima argentinsk
biff och några kannor öl

blir sånär uppraggad på ett disco sen men kvicknar till i tid
ser hur det blänker matt i skuggorna

seglar iväg om och om och om igen seglar jag sta det är i
princip vad jag fått gjort här

sårjåsjaure

efter en knapp veckas vandring når vi fjällvärldens mest
otillgängligt belägna stuga just intill vattenfallet som tappar
av den svarta himlapöl som samlats i dalgången

en halvtimme senare piskar det till av rotorer himlen skyms
och strimlas och allt är sabb

sabb och remsor till nåt litet framtida collage med
bergsryggen som sakta sjunker in i natten ändå

isvind river upp sjön och en brasa på influgen ved flämtar
sta ett stycke bort på stenstranden

strumpor och skoinlägg på tork på ett streck över kaminen
spridda tankar och undringar på detsamma

nanjing

ett varmt och mjukt mörker vilse i sig självt utan rädslor
eller brådskor vi kunde trampat omkring där än på vår
långa marsch om inte hemliga polisen stigit fram ur
skuggorna och räddat oss från tusenmannakaoset framför
kassorna på hamnterminalen

nanjings tusen flätade burar med sorgset tjirpande
småfåglar - döda nu alla fåglarna och döda alla gubbarna
som bar omkring dem

död all dager död all natt och till synes läkta mina skavsår

i ett slags miljonprogramsområde (miljardprogram?) sitter
vi hos en ung tuschmålare sippar chai försöker avstyra gåvor
- han vägrar låta mig betala för det disiga vattenfall jag valt

morgonen därpå väcks vi av hans bror den skinnjackade
dandyn som vill ha tillbaks verket men jag tycker inte om
honom tycker inte om de fåniga ödmjukhetskutymer som lett
oss hit och står emot

nanjing de raskt avspolade sjappgolven mellan sittningarna
och den förvirrade vallfärden till sun yat-sens maosoleum

allt som vagt och märkvärdigt förblev hos mig ända hit som
syrar skaver lättar bär

husaby

stöter ihop med olof skötkonung på väg ner mot källan vi
känner inte men känner igen varann jag frågar om han vill
ha ett geléhallon

han säger han gillar hallonbåtarna bättre jag vet inte om
det är ett försök att skoja ler bara lite lagom och vi fortsätter
i varsin riktning

i allén nere på slätten senare tänker jag på mitt första besök
till husaby det var på låg- eller mellanstadiet och jag minns
inget alls egentligen men tänker obstinat ändå

ensamheten i bilen känns plötsligt akut jag gråter hulkande
nästan in till rondellerna utanför lidköping där jag får på
radion och kan distraheras

hallunda

hinner bara just av tåget innan jag faller

*hallunda är pur gravitation mina armar faller längs
sidorna hela jag faller efter*

*sen får jag en snöboll i huvet mössan far iväg jag ser den
aldrig igen*

men faller faller faller än

öster

visste att jag inte skulle träffa lasse igen han visste det
såklart också

blodkärlen upplösta i whisky och nikotin alla åren skingrade
av kommunalpolitik och loppis

vrickad sorg i ena ögat stukad gamman i det andra

all trivsam floskel vi lindade runt varandra de åren tills vi
stod där och skulle skiljas

lasse gick inte att operera längre men skulle läggas in att dö

jag skulle till prag med familjen till salzburg och venedig till
verona och luzern

fixa det här nu var väl det sista jag sa vad skulle jag annars

va kul att känna dig ha en bra bortgång

lasse på balkongen på öster ana maria i sin förvirring dikt
intill

greppet runt ratten konturerna som krympte undan och
svängde ut ur backspegeln

skattkammarön

*följer spåren över sanden tills de försvinner in bland
palmerna*

*vänder mig och blickar ut över stranden ut över det
någorlunda stillsamt rullande havet*

lyssnar en stund koncentrerat på aptjattret i fjärran

rör mig igen att gräva varsomhelst

tiananmen

traskar över oändligheten det tar kanske nån kvart

nafsar och griper efter något av den himmelska friden men
det kletar mest mellan läpparna kliar i handflatorna

det är strax innan blodet ska forsa ryggarna krossas brosk
och muskler smetas ut mellan gatstenarna till framtidens
lov ungdomarna har ännu fullt upp med att resa sina tält

turistar in genom maosoléet skymtar ett stycke vaxgul
galning

kommer ut på andra sidan irrar bort och vidare: öl
dumplings eller stekt ris med räkor snygga bilder andra
gamla minnen

sickla köpstad

far runt i rondeller tills jag tappat all bäring och inte kan
hålla i ratten längre

hoppar sönder varenda hoppborg på andys lekland barnen
gråter föräldrarna rullar mig i svarta blickar utför
rulltrappan

köper saker bär omkring dem över axeln himlen så låg
utanför svängdörrarna att jag rispar hål i den med sakerna
jag köpt

trådar av trasig himmel fläktar kring och skymmer sikten

ödehoburga

kissar i flaskor och gömmer dem i röset intill lammhagen
är urinen ofärgad väljer jag en gammal sockerdricka är
den gul får det bli champis tanken är kanske att sälja till
vägfarare och andra törstande

långt in i den enorma syrenhäcken har jag en hemlig
gång full av mygg och möjlighet bryter fram veritabla
syrengrottor där allt det obegripliga kan löpa fritt och låta
mig vila

kapernaum

levde länge av pur nyfikenhet kanske med lite ketchup
ringlad över

betraktarens öga det var mitt sov väl inte på tio år och drygt
det

nu äter jag av skymningen arytmierna benskörheten
hyperopin det är fortfarande en fest och jag skulle vilja
bjuda dig

övralid

*på vägen ut från motala tänker jag återigen på personliga
pronomina hur svåra de är att släppa om det sen beror av
lättja eller kramp*

*står på förstubron blickar ut över vättern tänker att det
är ändå en bra bit ner några raska morgondopp lät sig
knappast göras tänker så på en väninna som brukade rida
rakt över gården här när hon växte upp det hade nog inte
verner uppskattat men vad vet jag han ser rätt okynnig ut
själv på bilderna från blå jungfrun tångruskorna i håret*

*helt städa jaget ur dikten går såklart inte oavsett var en
gör av sina pronomen vi bor i varenda glosa vi väljer eller
undviker*

*står länge i köket sen stirrar på det lilla kylskåpet mediterar
mig ändå ganska behaglig gläntande tom skör*

gamlestaden

barnen lättade försvann till göteborg bägge två för ny
satstagning

vuxna då förstås åtminstone i lagens mening

som ett svart hål gamlestaden ingen vet vad som händer
när en trillat dit ingen vet om en egentligen nånsin går att
återfinna

ont om träd minns jag en hårdgjord yta omringad av
trafikleder nertryckt av den låga himlen

själv är jag övervuxen och pollentrubbig här i ännu en sån
skirt maffig hökisvår undran och förundran slår rot var den
faller detvillsäga mest överallt

var det så att jag garderade mig för hårt med de där
evigt mumlade flosklerna om att barnen är till låns
och barndomar flyktiga som spilld tändvätska är det
självklarheterna som slår tillbaks?

har inga barn längre kommer aldrig att ha igen och sakta
sakta men hastigt sluter sig tillfälligheten

calama

fyraåring kippande i ökenhettan på skuggsidan av bilen jag
var sällan räddare

eller lyckligare än den kvällen på hotellet i antofagasta
sängar och soffor ihopskjuvna i ett enda familjegryt mitt i
det knarrande skumrasket

skottlossning eller förgasarsmällar borti backen det
sordinerade spolandet av den stilla oceanen i fonden
livets rutschande då genom de allra bästa av alla åren
barnet inuti fadern barnen i händerna spolandet skräcken
händerna igen och tillförsikten

bygdöy

tolvåringen där intill kon-tiki-flotten instängd sen
decennier i sin lille inomhuspool jag längtade hit nu saknar
jag redan den vaggande stjärnhimlen molnmassiven på
horisonten flygfiskarna vågdalarna danielssons saltstänkta
boklår allt det goa ödet fläktande i luggen flapprande i
storseglet

tolvåringen strålande där inuti den största av min
barndoms drömmar den jag visst snuddade men i tacksam
förbluffning la åt sidan när hon kom

södra station

sa det från början: tiden är maktlös denna tröstlöshet
kommer bara långsamt blekna ytterligare feta fläckar
breda ut sig och ja så har det väl blivit men nån sorts bister
skönhet i det ock!

paternoster

du vågar inte köra fram till redneckbaren intill branten mot
havet så vi blir stående ett stycke inåt land betraktande de
skitiga pickuperna mot södra atlantens stålgrå backdrop

slumrar i bilen på en parkeringsplats i clanwilliam dina
händers avtryck mot den immiga bakrutan jag har aldrig
varit längre bort vet inte ens ifrån vad

har aldrig varit närmare heller

uppsala högar

roterar runt min egen axel en stund anar samtidigt hur min
omloppsbana expanderar lika omärkligt som obevekligt ut
ur både tristess och begeistring

men big bang babies ta min hand ta dem bägge två så
springer vi uppför kullarna!

setúbal

ett och ett halvt dygn i ett kippande dunkel bakom fällda
persienner strax ovan en gågata där i den äldre delen av
staden h c andersen kallade paradiset på jorden

det är väl den långvariga portvins- och citronmuffindieten
kantänka

minns varmt välkomnande stenläggning där jag kollapsade
minns mjuka tickanden av sulor runt och förbi men alls inte
hur jag tog mig upp på det där rummet

så många skuggor en utmanat utan provokation eller
begriplig poäng om det nu inte var färg och fond till
framtida lyricismer att söka knåda nån slags näring ur

*

banan och nån slags pirog och färjan tillbaks över tejo sen
upp i bairro alto åter in i myllret av liv och kiv

all tröst och samtidig ångest den kan rymma en avlägsen
mistlur på den dimhöljda redden just runt den nattkrök där
atlantvinden slapp in

hugsvalelsen (vackra glosa) som sorlar igång med barerna
längs rua da barroca och de lyckligt timida blickarna från
ett shot-mosigt svenskt fotbollsproffs nånstans i den sjudande
småtimsröran där

minnet som lägger sig att tålmodigt vänta

hanita

nattligt smatter av automatkarbiner nere i dalen på
libanesiska sidan krulliga drivor av taggtråd runt liten
gränskibbutz granatskärvorna på gräset

öl och dristiga sabras en romantisk tid utan skuld vi var
alla unga friska vackra just lagom pålästa och inkännande

turister i helvetet med instamatic och fransiga shorts

sandycove

*gick mest längs stränder fann mest drivved föll mer i gråt än
i trans*

*byggde små städer där i sanden ledde in kanaler avvaktade
tsunamin som aldrig dröjde särskilt länge*

kastade mackor älskade och kröp reste mig och stöp

*vid sandycove klättrade jag tjufem år gammal upp i det där
tornet att söka gåshuda mig en aning eller visshet*

*vill minnas men minns ärligt talat inte allt faller sköljs över
spolas bort*

*vid femti eller så läste jag till slut med något av famlande
mognad och fann att de var rätt fåniga egentligen de där
dedalus och mulligan insåg att vi är rätt fåniga allihopen*

atacama

ett par dygn in i andlösheten slår jag av motorn att pissa i
stenvidden det skälver om den stjärnvita himlen ändå ser
jag knappt hjärtat framför mig

vanskligt skriva om öknen minns jag en kommentar i
en facebooktråd för många år sen - en kan så lätt bli
ökenmärkvärdig och orden snubblar omkull i trasiga bråtar

ger jag blanka fan: det är märkvärdigt det som ligger och
låter sig anas där ute

william shatner (kapten kirk på enterprise) fick vid nitti års
ålder som det äldsta exemplaret av vår art resa ut i rymden
för att komma åt något av det: "tiny oasis of life in an
immensity of death"

sorg och tacksamhet är ett och omätbart när jag vrider
om startnyckeln släcker rymden rattar min lilla trynande
familj genom ett i princip alldeles öde kosmos

holyhead

*angör holyhead i ett svart skvalpande kan öht inte ta in
annat än egna bilder och tunna flisor av dylan thomas
kanske*

det åskar inte ens

*allt är bara vision och ysterdyster färjefylla och underbart
tumlande vokabler om inget särskilt*

grisslehamn

tar så mycket tid och gammal lust med mig ut på udden
det läcker ur fickorna när jag skuttar mellan stenarna i
vattenbrynet

blir lite sorgsen och söker mig tillbaks i samma spår plockar
och samlar

tänker att hit längtade jag hela livet från sen barndom till
tidig ålderdom och så blev det såhär

ruotesvagge

ångrase sån skit kan en göra på döbädd'n

falkenberg

vi gick längs ätran vattnet steg långsamt men insisterande
på tillbakavägen tog vi en sidogata jag hade hål i skorna och
var på väg ut att tågluffa

var iväg nån vecka runt de där länderna som alla höll på
att kasta av sig oken det året for rätt förbi falkenberg på
återresan

aldrig varit tillbaka sen heller men såg henne några
gånger när hon bodde i skogen utanför kristianstad med en
bussig collie och en härsklysten varg sen for hon tillbaks till
melbourne bildade kanske familj där och lät åren löpa

jag gjorde detsamma och som de löpte!

gärds köpinge

hon sa att jag snabbt skulle tröttna på henne om vi blev ett
par lusten skulle tryckas undan av vardagsfisandet hon var
klok och bister

vi tog en lång promenad med hunden och vargen över
slätten istället följde ett övergivet smalsspår söderut mot
en liten skog och sneddade tillbaks längs brynet till forsen
och det lilla kvarnfallet just nedanför skånelängan hon
huserade i

fräste kinamix sen med bacon hon åt med god aptit och
skrattade när jag förklarade att jag jobbat på långvården
och var alldeles immun mot alla former av gasläckor

kattan fick ungar på småtimmarna sju små blötslickade
nybörjare i tvättstugeottan vi satt intill på kakelgolvet
blinkande gruset ur miraklet

kirstenbosch

står i en salong i en villa några få kilometer från kåkstaden
langa utanför kapstaden och läser dikter om himlakroppar
och smultronställen känner hur de ändå resonerar och
bryter i blickarna framför mig hör hur de ord för ord kapar
åt sig nån slags omväga relevans

stefaan säger att de var bra men att jag borde läst på svenska
men han är småbladig och spånig och poetiserar själv på hög
nivå

i skuggan längst bak sen kommer skälvan skakar som ett
bara nödtorftigt filtat barn lämnat i ottan på farstubron

sundborn

ett lodjur vandrar obrytt längs grusgångarna vid kyrkan
stryker mot benen på min yngsta dotter när den passerar

klockorna i stapeln spelar "muss i denn" i en tonart jag inte
kan sjunga med i

över hela den magnifika utsikten ner mot toftan sitter ett
obegripligt diktutkast uppklistrat med luftbubblor och allt

kisa

vid infarten beordras vi ner till tretti av en uppsättning
framhärdande skyltar

stannar fikar studsar våra fuktiga blickar mot varandras i
en skuggig trädgård snett emot östgöta enskilda bank

får inte mycket sagt eller tänkt men något lite sett och anat

hon tar över ratten sen längs tjugotrean upp mot rimforsa
och vidare

såtenäs

hann aldrig få nåt nummer men urtvättade grönpaltor
att slänga på britsen tog mig ner till regementsläkeriet sen
att envist simulera fram remiss och uppskov och frisedel så
småningom

kunde blivit ett drygt år av mitt enda liv där på slätten men
fick räcka med en halvdag

majorens bistra mustascher en del tröttsamma försök till
matsalspenalism och sommaren som pockade och peppade
bortom barackerna

varit där gjort det

irkutsk

nånting fattas mig så är det absolut nånting är löst eller
om det är alltför hårt skruvat nånting saknas och flödar
omväxlande över

min mor brukade säga att jag var konstig från start att det
inte hade något med mina föräldrar eller min barndom i
stort att göra och det är väl möjligt

genetiskt kanske nedärvda mönster min mormor sa mig en
gång samma sak om sin dotter

från start eller längs vägen en eller flera kopplingar blev fel
reläer klickar eller kortsluter och allt blir i ett slag dunkelt
och famligt

otrygg anknytning sa nån av alla jag älskade men av oklar
anledning bad att fara och flyga

kopplingen till irkutsk är också lite oklar men utsikten
från höglandet kanske genom det frusna diset ner mot den
avlägsna sjön tåget som kränger och girar söderut där mot
mongoliska gränsen utan att riktigt snudda vid staden

narvik

allting sluttar ner i ett eller annat hav så är det bara

*allting kravlar så småningom upp på andra sidan så är det
också*

*i narvik finns ganska centralt ett högt berg med en
förmodligen smått andlösande utsikt vi bevarade i
respektive fantasi*

*fantasi står ändå för lejonparten av erfarenheten
vemsomhelsts*

karthago

alldeles jämnat med marken blev det ändå inte en och
annan sten ännu fogade till varandra det går att se var det
låg går att ana var det sjöd

föräldrar kan nog komma undan med mycket stök och brist
om bara den goda viljan om bara värme men minns så lite
god vilja och ingen genuin värme faktiskt alls ingen

tittar mest som hastigast från bussen är konvalescent efter
mitt livs magsjuka och har sett stenar i slänter förr

kliptown

in över den torra leran rakt genom hopplösheten knappt ens
ungar i släptåg

janne väser åt mig att ta av mig pilotglasögonen säger att
jag ser ut som en apartheidagent

kvinnor sopande tröstlöst över illusionerna bakom
avbalkningar av kartong och rostig plåt män ihopsjunkna
över tomma burkar

magert barn där ändå alldeles stilla på stigen framför oss
alls inget leende men den blekaste glimt av nyfikenhet?

alexanderplatz

torget tomt och mörkt en enda ensam man förbiviskande i
nysnön utanför det kvällsöppna fiket: «tell the world»

men världen visste redan världen bar sig åt på egna vis

tretti år senare tar jag hissen upp med min familj i det
snurrande tornet vi mumsar oss stinna och burpiga av
illusionerna minns och berättar om det förment förflutna

pica

kanske var jag aldrig längre bort i vart fall inte sen
internätet kom och varför ville jag stanna där?

bortom hav bortom öken bortom frusna berg och övertygelser
hur kunde jag känna igen mig så?

aldrig längtat slik typ av nystart och frontier (vet att det
alltid slutar i samma sluttning) men att avlägsna mig från
det som tror sig känna mig

du tar dig långligt och kostsamt till världens mest
otillgängliga metropol klättrar upp sen under geoglyferna till
högplatån bussar i timmar rakt in i pur omöjlighet

varit där nu behöver inte återvända sjunger ändå mina
sista verser en dag under palmerna vid picas källor

niebla

utposterna återkommer fästningarna gränsposteringarna
utsattheterna

min mormors föräldrar flyttade sina framtider till den
eftersatta fårön långt ute i österhavet i det gryende
nittonhundratalet det kan jag inbilla mig att jag avundas
idag när kommunikationen spiller över medan tiden (all tid
inte bara min) så smått begynner sina

niebla molnhöljda ö strax utanför den rockiga sydchilenska
kusten jag gick in i dimmorna där en gång fäktar ännu efter
vägen tillbaks

men lägger mig snart ner att bero

miami

stannade bara länge nog att hinna misstänkliggöras i
passkontrollen det var strax efter nineeleven och min
chilenska hustru beledsagades av bastanta vakter längs en
smal remsa usa där i transitgyttret

från luften sen såg vi ändå: skattkartor buckanjärer
golfgreener trasiga målsnören mangrove pölar av
jordnötssmör allt det koreograferade vattenspridandet
flätade rödskägg förmultnad lyrik

sudret

vi bäddar på urtiden drar över oss evigheten sover inte sen
men gnolar in i spöktimmen

fjärmar mig tältet tills avståndet gör för ont och står sen

stjärnorna stampar och bröstar sig medan fastlandet driver
stadigt undan och sjön går i sömnen vi finns tillsammans
allt och alla

vintergatan

halkar tappar fästet ligger ett förtrollat ögonblick näst intill
raklång i rymden innan jag faller och spräcker ena höften
armbågen och bakhuvudet i den frusna evigheten

ligger där sen naglad av stjärneströsslet

sitio

allt atlantens dynande dånande skvalpande vrålande siktar
på en och samma punkt på den portugisiska silverkusten och
träffbilden var aldrig bättre än den vintern de brytande
bergen av ocean aldrig mer hisnande

havet svalde oss gång på gång spolade bort oss sög oss till sig
gurglade runt och spottade upp oss på klippan nedanför fyren
igen

vinglande sakta men snabbt torkande uppför långa
vindsvepta backen mot byn sen

te och samosas nysopad kullersten ett vickigt cafébord
avlägsna benficavrål nästan stillastående sjöfåglar på
uppvindarna vid stupet

de ögonblicken ordlösa allomfattande

karlshamn

tog inte amerikabåten men vandrade under rosorna drömde
genom strandskvalpet de omätbara djupen näst intill
ofarbara avstånden

återvände till bilen sen for upp genom skogarna åter till mitt
lille hemman i utvandrarbygd tillbaks till oerhördheterna
härstädes: bofinkens små septetter i björkståndet på
ängen grankottarnas vänliga dunsanden i kärvet och mot
klotgrillen

råbockeriet i skymningen bortom brandområdet

färgerna vandrande över dukarna när jag sköljer dem med
bottenskylor från hinkarna på tunet

luzern

träffar mina sydligare kussar för första gången på några
decennier men är ju på det viset nu att en har fickorna så
fulla av tid att inte ens snusdosan får plats

grill och samkväm i ett slags litet lusthus på den brant
sluttande tomten på berget som skjuter upp ur staden det
har kört upp folk från zürich också jag förhör min faster om
hennes barndom som en tidsresa min far knystade aldrig ens

dan därpå slickar galet dyra glassar far ut att bada i
vierwaldstättersee skiljs där sen vet väl inte om vi alls ses
igen livet så illa raskt och egensinnigt

rök

vad hade blivit om vi köpt torpet på slätten intill stenen där
högt ovan innanhavet vad hade vi hittat och förlorat?

i helt andra cirklar om varandra inuti syrenmolnet vid den
öde landsvägen just runt hörnet från vägkrogen som gjordes
obsolet när e-fyran böjde sin nya båge längre inåt landet

spökhuset rökhuset håller vi ännu om varandra där i nåt
parallellt universum har jag mina barn hos mig prickar vi
varandra med trygga syrligheter den ena efter den andra

rinkeby

simmar lätt krampande i det söta kaffet lägger min suddiga
självbild i en bunt med de andra männens och kuperar

tystnaden när jag träder in med min treåring bland
kvinnorna på öppna förskolan bultar av puls och obändighet
men inget händer mer än flämtningar av undanslagen blick
och hastigt insvepta hårsvall kanske fokuserar jag själv lite
för mycket på legot

tio år tidigare slammar jag dikter på folkhuset filmas av
teve får spö av bob hansson eftersom han är så lattjo och
karismatisk men en glest stickad och snyggt för stor ylletröja
av magnus william-olsson till tröst ändå

en skärva järva eller ett par men alltid samma bekvämt
bortkomna anomali det är jag

pireus

vi gick till sjöss och blev där gungade av djup och rymder
dröm och hunger kastade mellan dvala och ljuv desperation

gick till sjöss inrättade oss för om masten med allt vi levt
och tänkt oss vyssjade natt som dag vaknade inte ens
när grodmän från mossad apterade sin slutgiltighet vid
skrovet sov genom detonationen singlade ändå ganska
bekymmerslöst genom den ljumma sjön att bädda in oss i
bottenslammet

ulricehamn

hon plockade jordgubbar på en åker där den sommaren
jag fick en kille i periferin av gänget att skjutsa ner mig en
eftermiddag smög åt mig ett famntag i skogsbrynet

på vägen hem visade han mig hur man tankade gratis
på de gamla pumparna genom att trycka tummen mot
räkneverket i skogen frampå midnatten sen hittade vi en
död räv och tog den med oss

på nån av småtimmarna puttade vi så in räven genom
ett gläntande källarfönster hos konstapel johansson på
vadarevägen minns verkligen inte varför

belgrad

trasig unge lappat dragspel öde gata vasst motljus

anade inte fasan som kokade upp där och då men nog var
det något som ganska bestämt sköv mig vidare

skulle minnas bilarna sen parkerade längs donau hur nya
blanka moderna de varit

gubbängen

heilandet från bordsvägen nittonhundranittitre till
gubbängstorget tjugohundratjugofyra den rytmiskt
brösttoniga livrädslan som ett tunt gammalt sorgligt eko
redan när de stämmer upp

kaupmanhäll

slår upp tältet i en ficka i den glesa tallskogen hänger med
rimbaud sen i det lilla hemliga raukfältet

han är babblig och osammanhängande inspirerar mig till
en del privata bitterheter jag säger att bergmans geni främst
består i att han får skäligen självklara tankar (och en hel
del renodlat svammel) att framstå som avgrundsjup insikt
säger att han får den grundaste publik att känna sig smart
och utvald

arthur frågar vem jag talar om jag säger att det var efter
din tid

himlen generar sig kraftigt nu svanar flyter fram och åter
genom solgatan i viken

är ute och pissar tre gånger under småtimmarna arthur
sover djupt utan att ens snarka

de badande wännernas botaniska trädgård

satt en gång med min flicka under tulpanträdet i det
skuggiga glest promenerade nordvästra hörnet och drack
pilsner livet har bjudit så mycket

vi talade om kvinnliga basister och om de sjungande
sälarna utanför hyluviken

mindes men bortsåg mirakulöst från världens tillstånd

vintergatan revisited

du måste ut ur bilden oavsett vilken det är du måste erodera
och vittra syra men sluta bittra du måste lägga alla ord och
tankar i en enda hög och krypa så långt in i den att det blir
alldeles mörkt

kanske stöter du på en snok där kanske skrämmer ni varann
och skrattar sen

kanske anar du plötsligt hur det glimmar pulserande
omkring dig när förmultningen tar fart

kanske fattar du ingenting och kanske älskar du det

julita

hennes unge plockade med sig pettsons löständer och vi
fick gå tillbaks ett gott stycke för att återlämna dem det är
egentligen allt jag minns men räcker ända hit

strasbourg

notre dame de strasbourg detta undergörande trams denna
skönt helande missuppfattning

sankt paul kölnerdomen vatikanerna vi var inte varandra
mogna men i strasbourg mumlas det om än tvetydigt
om saker jag kanske kan ana rädslan som försätter berg
vilsenheten som skjuver kontinenterna

den där besatte snickaren och hans mamma de som fick för
sig att lyssna och lägga till som det spårade sen alltihop som
det bävade och bände historien fram

tusen år senare lades första stenen spiran fullbordade
fyrahundra år på det fasaden flyter liksom lodrätt
rosenfönstret spränger genom seklerna myriader av små
djävlar betraktar oss flinande allt sedan pestens tid

dårarna som verkade här skräcken som drev och drillade
frågorna som aldrig ställdes bönerna som växte ur jorden
sjönk snart ner i den igen

katedralen i strasbourg syns från eldslandet från laxå från
bergen utanför anchorage

så maria jag sätter mig i ditt knä håller dig om midjan vilar
kinden mot ditt varma vänstra bröst blundar hör hur min
puls resonerar mot din under valven ljuva konsternering
gudagivna slump och tillfällighet varför inte eller hur

onsala

gnuggar ensamheten ur hårbottnen lyssnar in mörkret livet
smyger runt knutarna med outgrundliga lätta fnysningar

obevekligt rullar evigheten in över gottskär och utholmarna

omberg

himlen håller mig hårt ruskar och släpper och fångar mig
igen plötsligt tappar himlen greppet jag singlar hjälplös ner
mot slätten landar hårt men välbehållen i ett rapsfält just
intill vägen mot klockrike

kliver långsamt fokuserat genom ett elstängsel står på en
grusplan där kollar om mobilen klarat sig

malexander

skönhet hopplöshet tacksamhet sorg allt jag funnit här och
inte kan ta med mig

skärvor av glittrande försommarvatten askan som bidar sin
tid inuti lågorna tiden själv som inte är men ändå saknar
både begynnelse och slut

kör runt den där kurvan och där öppnar sig sommen
där öppnar sommen för ett galet men snabbt överståndet
ögonblick mest allting

sommen snäll tyst avvaktande nästa geologiska era

allt är nånstans redan borta och meningslöst ändå vackert
och värt

grästorp

där var jag väl oftast mitt i universum just där allt möttes
och skar sig och blev avgjort

där var jag mest hela tiden ställandes saker på spetsar
tagandes vissa på allvar andra på undantag

där stod jag på tådyna eller knäskål ingen till vare sig
exempel eller större varnagel

täby kyrkby

abbe bartender parar ihop mig med en annan
ensamdrickare som om ensamdrickandet inte vore ett
fritt och aktivt val (eller kanske för att borden är på
upphällningen)

killen har schackpartiet med döden på underarmen och ser
försiktigt lycklig på mig när jag noterar saken

jag säger albertus pictor han säger täby kyrkby jag säger
jag vet jag har varit där och sen behöver ju inte mycket mer
sägas

varpå han iofs och för skojs skull ändå berättar sitt liv under
ett par timmar medan jag tiger det mesta av mitt (har ju
skrivit så mycket av det så många gånger)

salzburg

alla små hål i tiden alla småhålitidenfyllningar allt
vackert avfall multnande vittrande längs vägrenen allt
det skönt kliande frustrerandet långsamt smältande som
mozartkugeln rakt upp i blodet

hunneberg

allt spricker slutligen sönder och faller bort men jag står vid
kyrkogårdsmuren i västra tunhem och låter själen kittlas till
nån slags ro av den vajande och vickande rågen eller vad
det är

tänker min mellanstadiemagisters bröllop här i den gamla
ovissa världen tänker en påstruken julotta i tjugoåren
ser det grönt oljiga vattnet runt karons flotte och den där
mysiga varmt glimmande globala byn på andra sidan

bilderna från ruhr i samhällskunskapsboken så lätta de inte
var att bläddra bort

kall lättmjölk i kylen o'boy i skåpet ovanför spisfläkten det
stinkande diket som sunkade bort i ödelandet bakom kema-
nord och ferrolegeringar men de borstade ändå av min
barndoms backdrop sen känner knappt igen mig nu men går
rent vilse

timmerlassen stönande nerför ekoparksklevarna vita älgar
blinkande i nattdimmorna världen som rämnar tiden som
flyr vidare oss förutan jag ser den redan försvinna vänder
rågen ryggen sjunker ihop intill muren

fäktar färdigt lite kraftlöst

eriksdal

ensam sothöna vickar fram och åter utmed bryggan

polisbåt patrullerar förbi uti farleden mot hammarby sluss

snubben i baren charmar på mig en föralldel glimrande
hantverks-ipa fast måndag med politiskt möte (och viss
inläsning) kvar på agendan

syrenerna blommar tidigt nu ett stycke in i apokalypsen de
lila redan på väg ut fast studentflaken inte ens hittat ur
garagen

försommaren var alltid närvarons tid nu är även den full
av hot och minne

håller igen på ölen söker mig sorgset undan i amerikanskt
turistbabbel klirret av ceasarsallader avhuggna tangotoner
bortifrån dansbanan

idre

faller i den svarta pisten glider på nacken i hundrafemti
meter med huvet under snön i liftkön lite senare fantiserar
jag om agneta munther

och nu gör jag det igen på andra sidan livet

näs

sällan törstigare än på näs

tryckte handen lätt mot pansarbarken på sockerdricksträdet
kände hur den sög och sörplade mig i sig

så stark inuti sin fånighet litteraturens makt så oljigt blank
och deffad dess muskel

(minns inte om astrid var med den solknastriga
julieftermiddag nittonhundrasextinio då sockerdrickan
flödade fri och gränslös vid täckatingen på ödehoburga men
tror det hon var väl alltid med den där)

björndalen

det lystna glittret i hennes ögon vi tog en taxi ut i förorten
nyktrade till på vägen jag tappade stuns och charm och fick
tjata en del sen

så ovärdigt och nu gör jag ett slags litet bekännelsenummer
av det också som den där paraden av metoograbbar som inte
kunde tåla en kvart i skuggan

smet iväg i ottan vilse i det där enorma nybygget med nån
slags dov dikt om trekvarts ditt och en gnutta datt groende
undertill i dunklet ändå

kowloon

två stora fula fiskar stilla om lott i en liten tank i
dagrummet

kanoter glider nerför nathan road monsun häller in via
balkongen fyller rummen i hostelet med ankelhögt ljummet
vatten fast på fjärde våningen

drömmarna sjunker stiger vrider sig långsamt suger åt sig
lakar ur sig

mitt resesällskap skriker till sparkar omkull bordet ligger
fäktande på golvet vi åker ambulans och hänger ett tag i ett
bås på akuten

regnmassorna ångar bort igen det går på nån dag vi badar
nakna i en privat bassäng på taket till mariners club istället
och blir omsorgsfullt utslängda

stroboskopen hetsar amerikanska flottan landar

dejtar en pyttimal urinvånare hon är rapp och spirituell och
skrämmer mig febrig och go

och allt saknar början tar egentligen aldrig riktigt slut heller

zhanjiang

rökt hundhuvud på en pinnstol på en trottoar på en
förstadsgata utan slut minns inte om jag provade rökt
(soltorkat?) hundhuvud men nog har tarmeriet haft sina
äventyr

tåget arla om sydkinesisk åttitalsotta allt längre inåt landet
teckenspråkande inspirerat om jan-ove waldner runt
terrasserade kullar i skymningen

sotet fläktande evigt genom nerskjuvna fönster
snarkstormen larmande undan småtimmarna medan
helrör med nåt slags flygbränsle går runt mellan britsarna
där vi var blev vi i nån mån kvar

horben

söker dra oss undan världen i en hütte en timme upp i
schwarzwald grälar mular oss sams igen med nysnö från
stigarna i dalgången ibland går jag ensam och stöter kanske
på heidegger i sin fåntratt i dimmorna längre bort mot
todnauberg men ignorerar honom omsorgsfullt

står på huvet i hennes knä sen vi är ett lustigt par
förolämpningarna haglar där vi sitter fast i samma
ömsesidiga graviterande kommer aldrig helt loss avståndet
aldrig stort nog för avsked

en kväll bjuder hon in studentkamrater de är alla män
handplockade för sitt smickrande men jag förstår bara
fragment och sjunker in i väggvirket fantiserande om
porlandet i de små rännstenskanalerna inne i freiburg om
sorlandet i stadens alla kneipen om pinglande spårvagnar
vackert virvlande veteölsbottensatser

en dag tog jag tåget till lissabon men inte xvii hjälpte det
lustens eviga trumfande på gott och ont nyfikenheten som en
envis dynamo surrande rätt igenom livet

córdoba

hundarna var hungriga i córdoba solen var smutsig
floden en skräpig bädd en lerig rännil moriska mästerverk
strösslade längs gränderna

glömde mitt pass i receptionen när jag checkade ut och det
har jag väl egentligen alltid gjort

hurrås

torp i skogen vi gnolar och ölar och kolosförgiftar oss en
smula

dikterna växer som blommor av mögel ur fyllan taket sackar
svart och medfaret väggarna lutar skönt menande

dikter krasar under sulorna också när jag går ut på knuten
att låta mitt vatten över natten

snökristaller hänger som skira draperier över gläntan
pissepausande raggarmuller på asfaltsfickan nedanför ladan
vränger stunden utochin och lämnar den så

vi skriver en låt om palmemordet sen den är mycket konstig
men hade väl inget val

snarkskallret på det i nån av de lite större småtimmarna

glöden knäpper i spisen framtiden smyger vilsen och
barfotad utanför tassar undan och bort runt jordkällaren

landsort

husen i skrevorna ljusen flackande genom decennier och
sekler uppspända nät drivor av flytbojar allt vad de lovar
och låtsas

söka avlägsna sig alltings övergripande idioti fast med den
där båten pendlande sitt överseende till ankarudden på torö
ändå

drar oss undan i små hanterliga utsattheter bortanför ovissa
men varma under täcken av tid och längtan förråden
fulla av barr och mysig mossa hjärtan mjukt spänstiga och
ogenomträngliga som videsnår

kolmården

svävande ljudlöst ovan lejonhägnet som barn med min far
som far med mina barn samma rastlösa ryckande i ben och
irisar samma glimtar av bråvik och annan utsikt mellan
grantopparna

exercisheden

natten stoppar in handen i en av de uppkavlade
skjortärmarna och trevar efter hjärtat men kittlar mig mest

sandhem

dra tussilagosar ur vägrenen peta små små stenar ur skrubbsåren

hjälpa daggmaskar över gatan vila och minnas ikapp

marstrand

i ett magasin i hamnen låg bertil valliens glasbåtar
upplagda till allmän längtan

i ett par tusen ljungbrämade granitskrevor på havssidan
slumrade framtiden samman ny skön- och vaghet

och jag fattade inget där heller

aruba

dunsar ner med en jet vrålar strax upp igen med en annan

*bollar planeten mellan händerna klämmer fettar ner tappar
i golvet lossar säkerhetsbältet böjer mig fram och famlar
under sätet*

fårösund

låg en rörig bok- och pappershandel en bit bort på
strandvägen i höjd med sundsvägen det var lite centrum åt
det hållet då

ser mig komma ut med något av jules verne i handen
spänner fast det på pakethållaren trampar tillbaks mot
färjan

cykla till fårösund köpa den ångdrivna elefanten eller
ingenjör roburs luftfärd tillbaks förbi hangaren där mormor
träffade morfar på rygg sen på norra kammaren i den tunt
blå delen av livet (tänker sluta påstå att livet är kort det är
förvisso raskt nog men rymmer kolossala mängder)

sundet dog sen hela havet faktiskt det slutade sprattla i
näten himlen stelnade lusten härsknade och föll isär inte ens
verne kunde anat

trampar förbi minnena nu vidare över hedarna får upp
tältet vid tälleviken strax nedom lessorholmen ställer cykeln
i solen hänger handduk och vemod över ramen att torka

calcutta

mellanlandar snuddar genom det yttre av exosfären hos en
främmande planet touchar och inbillar mig

min turisttillvaro gäst hos verkligheten på sjunde decenniet
nu

rökarna det osannolika gyttret blekt sotiga diset och strax
därpå: himalayas himlamur på horisonten

synerna håller varandra kramar kopplar sina livtag välter
sina halvnelsons och släpper

kan inget vettigt säga om calcutta eller nån annan plats jag
drömt värkt eller snubblat min sömngång genom

ingenting och ändå

vaclavplatsen

mörk regnblänkande parkering långsträckt asfalterad
sluttning utrymt myller en utställning av minne och
möjlighet

här rann blod och pilsner här slirades i pölar av vettskrämd
sisu

kvarts sekel senare är jag tillbaks med mina döttrar de
förstår inte vad det ska vara att se och det gör kanske inte jag
heller

äntrar en hästskjuts och klapprar runt i turisttårtan istället
medan deras egna snuddanden och nödvändigheter växer
på dem

aurgrunn

huggorm i strandkärvet vattnet når till nyckelbenet när vi
vadar tillbaks

fyren lyser inte om dagen du har en fästing mitt på magen
tre gånger på vägen hem hoppar kedjan allt är så långt näst
intill perfekt

sandhem igen

smaken av hjärnskakning av näsblod av söndersliten tid och erfarenhet

rafsar ihop de trasiga erfarenheterna i högar och hoppas att inte vinden ska ta dem

eller att den ska det

bear mountain

gamla sköldpaddsön moln av blödande lönn över
appalacherryggen ännu inte ens en första aning av
vidderna

sen: europeisk dager driver in och bländar bort förskingrar
sprättar upp millennietystnaden whitman och hans sällskap
mitt i sina väldiga kliv jag blir sittande halvvägs upp på
bear mountain med historiesvindel:

trappers och kontinentala sättningar gary snyder i
skräddarställning med stirrande ögon bakom slutna
ögonlock en oändlig karavan av bilar vid new jersey
turnpike en vilsen poet under en bro vid big sur en coyote i
keps och stepskor portvinsnäsa fiollåda

drömmer den skalliga örnen i en långsam vid kurva under
rymden missar den faktiska skalliga örnens långsamma
vida kurva under rymden

verona

julias balkong är väl nåt slags rekord i turistfälla tillochmed
jag står där och bligar en stund även om det mest är
turistfälleriet i sig som dragit mig dit

barnen bryr sig måttligt deras mamma likaså hon vill gå
på opera i den gamla amfiteatern men det är dyrt värre och
vi saknar nattläger och rattar ut ur stan igen istället efter
några timmar

verona mer än tveksamt att vi nånsin ses igen mina tretton-
respektiva tioåriga barn jag ser er aldrig igen heller min
raskt sinande slump nu kan du verkligen få mig så lätt

bhaktapur

va inte en reva i tiden ingen medeltida sagostad men ett
fransigt slukhål av nu vi promenerade rakt in i alltings
försiktiga upplösning och såg och förlorade oss där vad det
nu ska betyda jävla lyriker i själva verket en fattig nejd
mitt i sin tid och plats och inget för svenska rekordårens
centralvärmiga bolibompaungar att göra sig exotiska över

ashkelon

borstar glasskärvorna av taket på en busskur rullar ut
sovsäckarna

det är mors dag fredrik går bort till en telefonkiosk och
ringer sin mamma jag sitter i skräddarställning på min
sovsäck ser hur missilerna ritar sina ljusbågar långt ute till
havs

de flesta av de som ska dö i netanyahus utrotningskrig i
mitt sextiandra år är ännu inte födda ej heller det mesta av
mina tveksamma insikter i "palestinafrågan"

fredrik är tillbaks klättrar upp och sitter intill mig byter
skavsårsplåster ingen av oss säger nåt jag minns idag

budapest

tog inga bad drack ingen pilsner ställde inga genomtänkta
frågor

om alls några så var det väl oftast

träbänken på centralen väckte mig just i tid till tåget

neapel

*en springnota i ottan är vad jag kan erinra mig det är
kanske lite mitt liv en springnota utför morgonbommade
gränder i ett slitet och slumrande gytter*

visby

stadens trygga puls arytmierna upphörde alltid då jag steg
nerför landgången

drack mig sen ändå så mycket dröm att bära med till
nattbrink och strandskvalp att skvätta i nässelstånden
under glimmande småtimme

färjorna på väg in eller ut det allra översta av konturerna
av visionerna just bortom horisonten

hökarängen

*ren slump från början men vi tog hit barnen lät dem gro i
den relativa klasslösheten tills de växte förbi och slet sig loss
och gav sig av i varsitt moln av jordkokor*

*ensam kvar nu förundrad över lugnet som lägrat sig är det
åldern eller platsen*

*skribblar kladdar gnolar slår mina allt långsammare lovar
och kanske nån annans också*

*gallrar säljer skänker minimerar dricker lite för mycket
sjunker faller stilla inrättar mig i vad det nu är*

en rund och allt färdigare känsla fast nyfiken nog

fagerlidsparken

ser en gråsparv ta ett riktigt lustfyllt sandbad i en liten
grop i allmänningen nedanför balkongen fast med ideliga
kontroller av omgivningen närsomhelst kan vi vara nåns
eller nåntings rov så är det ju men får inte låta det stoppa oss
- ner i gropen och flaxa när du får chansen!

flempan

skotthål och vitsippor en ström av studenter

*bakom pansarglaset i säkerhetssalen på tinget flinar den
tilltalades fans stillsamt när målsägaren tappar det*

*under pausen köper jag för små kallingar på ica och hämtar
en galeano i ett bokbytarskåp i visättra skyr segpropparna
i nämndemannarummet går runt i det klatschiga
höghusområdet*

*minns hur jag desperat efter att få separera en gång var hit
och kontemplerade en sunketta med utsikt över leden minns
hur de en annan gång opererade mig i hjärtat utan narkos i
lasarettet på andra sidan vägen*

*allt de opererar oss i hjärtana hur de bränner svetsar
justerar och alla små gladpiller de ber oss skölja ner med
skvättar kranvatten för att vi ska hålla oss lugna*

*går småningom ganska ofta till bokbytarskåpet i visättra
hämtar trotzig slocum dikter av jim morrison men har
ännu att lämna något*

törstens hav

drunknade tidigt i törstens hav singlade hjälplös i avstånd
och trånad såg mitt blåskimrande hem gå upp och ner över
månens horisonter

hur hamnade jag där hur kom jag därifrån vem lärde mig
att böja de enfaldiga utropstecknen så mjukt och böljande?

stenskogen

*klättrar självbilden hård och fin balanserar högst upp i ett
stenträd med ett flin som sväljer världen hel*

*strosar mjuk och ledig genom petrifikationen sen tänker på
den galna slump som bar mig hit och som bär mig vidare*

här & nu

ja här hovrar vi varsin stöddig drake utan full koll på vad
bukspottkörteln egentligen sysslar med eller ens var den
sitter

med näsan i vädret borde en se längre än till tippen av
densamma men galaxens hundra miljarder solar (och
de andra hundra miljarder galaxernas vardera hundra
miljarder solar) glimmar visserligen till bakom ridåerna av
personliga pronomina emellanåt men sprider märkvärdigt
lite ljus

vad kan en göra mer än skalda vänta bolla rulla gräva små
vackra hål där en står

vad göra annat än tatuera dna-sekvenserna med nåt
tufft klappa takten till synapsernas kaxiga tugg odla sitt
överseende kramas och sträcka ut stegen alltmedan det sköna
larmet av namnlösa blodkroppar återigen åker ut ur mello i
ett tidigt skede

hedlandet

tog ner en björk för utsiktens skull något av ved blev det väl
också ett sånt dubbelfel vi satt framför spisen om kvällen sen
med vin och saknad mitt i det fulländade miraklet

om morgonen snörade hon upp den lilla päronplantan och
blev vackert blöt om knäna jag satt i kvitterstormen på
solsidan då och tog in: torra lågor idog humla grisvältor och
glassbilens helanochhalvantruddelutt skallrande skevt och
avlägset över nejden

silverdals griftegård

det talas inte mycket om ljuset som ännu sipprar ur
sekelgamla sophögar kapillärernas mjuka studsanden
inuti läpparna när vi kysser musiken som evigt syrar inuti
tystnaden

det talas inte mycket om fukten och förvåningen i de fina
snitten vi måste tillbaks till skamlösheten konkursen
löjligheten som inte finns den idoga vilsenhet som bävade så
stort en gång!

måste tillbaks till det episka misslyckande där vi först anade
vad det nu var

fällans kvarn

månen målar rutorna

hjärtat larmar och gör sig till

stänger av "karlavagnen" pejlar polstjärnan musiken
finns alltid ändå men gömmer sig retfullt bakom vältor och
flyttblock

bara jag och mitt jag här tomtarna vidarekilade samtliga
och fantasierna fläktar ut över röset mot maden där det vita
i kattpälsen rör sig smygande som ett synfel

pissar länge och gubbsvagt i det frostnupna gräset kramad
av storskogsmörkret lös men stadig

och tappar ännu en av alla trådar